Die

Möglichkeit eines Weltrechts

Von

Ernst Zitelmann

Unveränderter Abdruck
der 1888 erschienenen Abhandlung
mit einem Nachwort

Verlag von Duncker & Humblot
München und Leipzig
1916

Alle Rechte vorbehalten.

Altenburg
Pierersche Hofbuchdruckerei
Stephan Geibel & Co.

Inhalt.

	Seite
Vorrede (1916)	5
Die Möglichkeit eines Weltrechts (1888)	
Einleitung: Die Aufgabe	7
I. Die Gleichheit der rechtlichen Denkformen	9
II. Die Möglichkeit inhaltlicher Ausgleichung	14
III. Zwei Beispiele	25
1. Die subjektiven Rechte	25
2. Die Rechtsgeschäfte	28
Schluß: Ist die Ausgleichung wünschenswert? und wie ist sie praktisch zu erreichen?	34
Nachwort (1916)	
Zur Literatur	41
Sachliches	43

Vorrede.

Vereinheitlichung des Rechts in Deutschland und Österreich-Ungarn — das ist heute, in den Erschütterungen des Weltkriegs, plötzlich ein allgemein erkanntes politisches Ziel geworden: seit Beginn dieses Jahres sind von den verschiedensten Seiten Bestrebungen dafür im Gange. Vor 28 Jahren ist die hier wieder abgedruckte Abhandlung, ein „Vortrag, gehalten in der Vollversammlung der Juristischen Gesellschaft zu Wien am 20. März 1888" für das gleiche Ziel eingetreten: die Untersuchung, die den rein wissenschaftlichen Zweck verfolgte, festzustellen, wie weit überhaupt ein gemeinsames Recht, insbesondere ein gemeinsames bürgerliches Recht, zwischen den verschiedenen Staaten möglich und wünschenswert sei, mündete in den praktischen Vorschlag aus, es möchten zunächst Deutschland und Österreich mit einer Ausgleichung ihres Rechts auf einzelnen besonders wichtigen Gebieten beginnen. Damals fand der Plan kaum Widerhall, ja geradezu Ablehnung, doch ruhten die Bestrebungen nie ganz und machten auch langsame Fortschritte; heute, da auch die ungarischen Juristen den Plan mit feuriger Tatkraft aufgenommen haben, dürfen wir für den engeren Kreis der Mittelmächte vielleicht auf ein größeres und rascheres Ergebnis hoffen, als selbst Kühnheit einst erwarten durfte.

Diese Tatsache macht aber eine wissenschaftliche Untersuchung über die Rechtsvereinheitlichung überhaupt, über ihre begrifflichen Grundlagen, ihre Möglichkeit, ihren Wert nicht überflüssig, sondern nur noch nötiger. Im Verlauf der Jahre haben viele den Wunsch geäußert, die hier wieder abgedruckte

Schrift zu besitzen; mit der Wiederveröffentlichung wurde indes gezögert, weil die kleine Arbeit nur ein sehr unvollkommener Versuch war, an die Fülle der in der letzten Tiefe liegenden Fragen, die hier der Bearbeitung harren, zu rühren; als erster Versuch konnte sie auch kaum mehr sein. Eine neue stärkere Bearbeitung ist dringendes Bedürfnis, aber sie fehlt noch immer. Ein eignes Bemühen, an der alten Niederschrift zu ändern, weiterzuspinnen, bewies, daß dann aus dem frischen Vortrag nach Jahren ein gelehrtes Buch werden würde. So mag sich rechtfertigen, daß die Arbeit, obwohl vieles in ihr sachlich wie sprachlich heute anders gestaltet werden würde, doch jetzt unverändert wieder erscheint.

Die Schrift ist zuerst erschienen in der „Allgemeinen österreichischen Gerichts-Zeitung" Band 39 (1888) Nr. 25—27, S. 193 ff., 201 ff., 209 ff., sodann mit geringfügigen rein sprachlichen Änderungen als Sonderdruck, 1888, Wien, Manzsche Buchhandlung; dieser in 80 Abzügen hergestellte Sonderdruck ist nicht in den Handel gekommen. In dieser Gestalt, in der die Abhandlung meist angeführt worden ist, wird sie hier wieder abgedruckt; die Seitenzahlen des Sonderdrucks sind am Rande kenntlich gemacht. Ein neues Nachwort bringt einige literarische und kritische Zusätze.

Bonn, 20. März 1916.

Die Möglichkeit eines Weltrechts.

Von der Möglichkeit eines Weltrechts, also eines für alle Nationen oder wenigstens für die Kulturnationen gleichen Rechts zu sprechen, das scheint eine Utopie in einer Zeit, wo das Nationalitätsgefühl reizbarer ist als vielleicht je zuvor, wo der Nationalitätenhaß und -haber die Welt verwirrt und jedes Volk seine individuelle Eigentümlichkeit selbst in den gleichgültigsten Dingen hervorzukehren bestrebt ist. Es scheint ebenso, als wolle man vom ewigen Frieden reden, während um uns die Welt in Waffen starrt. Das Weltrecht wie der Weltfrieden, ein schöner Traum beide — doch auch eben nichts mehr.

Ob das Weltrecht in der Tat nichts mehr ist, das wollen Sie mir erlauben, in dem kurzen Raum der Stunde, die Sie mir vor Ihnen zu sprechen gestattet haben, zu erörtern. Aber ich muß sofort mein Thema näher begrenzen, um nicht gar zu sehr zu enttäuschen. Nur vom bürgerlichen Rechte will ich sprechen; auch will ich nur die Möglichkeit eines Weltrechts erörtern, nicht aber im einzelnen schildern, wie weit gegenwärtig schon die internationalen Bestrebungen zur Rechtsausgleichung wirklich gediehen sind. Diese Schilderung hat vor fast genau neun Jahren in dieser selben Versammlung ein anderer Redner insbesondere für das Gebiet des Handels-, See- und Wechselrechts, des Urheber- und Patentrechts gegeben; die „Juristischen Blätter" haben diesen interessanten Vortrag über das „international gleiche Recht" aufbewahrt. Meine Ausführungen heute sollen die Frage von einer anderen, dem Praktischen zunächst und scheinbar — aber ich hoffe nur scheinbar! — abgewandten Seite aus angreifen.

Wenn man von der Möglichkeit eines künftigen Weltrechts hört, so denkt man zunächst überhaupt nur an das

Gleichwerden gewisser moderner, für den internationalen Verkehr besonders wichtiger Rechtsinstitute, namentlich auf den oben genannten Rechtsgebieten. Diese seien schon von Haus aus bei den verschiedenen Völkern ähnlich, die schließliche Ausgleichung sei dann dadurch zu erhoffen, daß ein Volk das Recht des anderen rezipiert, oder daß die einzelnen Staaten durch eine internationale Vereinbarung sich entschließen, gleiches Recht einzuführen.

Damit geht man aber nicht genug in die Breite, denn die Frage bezieht sich nicht nur auf einzelne Teile, sondern S. 4. auf das gesamte | bürgerliche Recht — und auch nicht genug in die Tiefe, denn Entlehnung und Vereinbarung sind doch an sich nur äußerliche Mittel; sollen sie mehr sein als Zufälligkeiten, welche eintreten oder auch nicht eintreten, mehr als Versuche, welche Nutzen, aber auch Schaden stiften können, so müssen sie innerlich gerechtfertigt, aus der Natur des objektiven Rechts heraus als notwendig nachgewiesen werden. Dies also muß gefragt werden: ob irgend etwas in den Rechtssätzen selbst ist, was sie befähigt oder gar zwingt, für alle Nationen gleich zu sein oder gleich zu werden.

So möchte auch ich heute die Frage stellen.

Schon zu dieser Fragestellung, noch mehr aber zu einer Bejahung der so gestellten Frage gehört gegenüber der Allmacht der historischen Schule fast ein gewisser Mut. Denn in der Tat sind solche Erörterungen über das Weltrecht im wesentlichen nichts anderes als einige Prolegomena zu einem positiven Naturrechte — ich betone dabei das Wort „positiven". Wir leben aber wissenschaftlich in dem seltsamen Zustande, daß es in vielen Kreisen geradezu als contra bonos mores für einen Juristen gilt, noch irgendeine, wenn auch nur platonische Verbindung mit dem stark kompromittierten Naturrechte zu unterhalten. Wie oft wird in kritischen Feldzügen dieser Vorwurf, dem Verfasser scheine noch Naturrecht im Kopfe zu spuken, als Waffe gebraucht! Nun, ich glaube, hier läßt sich Frieden schließen. Wir alle stehen insoweit völlig auf dem Boden der historischen Schule, und auch ich bekenne mich ganz und freudig zu ihr, als wir für richtig halten, daß das Recht jedes Volkes ein rein historisches und darum nur historisch zu erkennendes Produkt ist: es gibt kein absolutes, außer Raum und Zeit gültiges Rechtsideal; jedes Recht ist vielmehr nur bestimmt für ein Volk dieser Zeit, auf diesem Gebiete wohnend, in diesen Verhältnissen lebend; es ist der positive Ausdruck dessen, was diese historisch bedingte individuelle Volksgemeinschaft als notwendige Lebensordnung für sich anerkennt.

Hieran zweifeln wir alle nicht. Aber daraus folgt nicht, wie oft weiter gelehrt wird, daß nun auch jedes Recht eben als völlig historisches Produkt durchaus verschieden von dem anderen sein müsse. Möglich bleibt ja doch auch, daß diese verschiedenen historischen Produkte in größerem oder geringerem Umfange einander gleich sind oder gleich werden müssen. Daß dem wirklich so ist, will ich im weiteren zu begründen versuchen.

Zunächst ist ja alles objektive Recht darin völlig gleich, daß es eine Interessenordnung — auch ich verwende diesen freilich nicht einwandsfreien Begriff —, daß es also eine Anordnung über das Tun und Lassen der Menschen beim Vorliegen bestimmter Tatsachen ist. Diese möglichen Handlungsinhalte, diese Tatsachen kann man im weitesten Sinne den Stoff der rechtlichen Ordnung nennen, er ist durch die Natur gegeben, das Recht tritt zu ihm erst hinzu, es schafft ihn nicht.

Dies ist selbstverständlich. Im weiteren scheint mir von S. 5. fundamentalster Bedeutung die Auseinanderhaltung zweier ganz verschiedener Fragen. Die eine bezieht sich auf den materiellen Inhalt der rechtlichen Anordnung, die andere, frühere, auf die formalen geistigen Mittel, mit denen wir diese Anordnung geben. Diese Unterscheidung bedarf einer Erläuterung. Vielleicht gelingt eine solche am besten durch den Hinweis auf eine verwandte Tatsache. Wir wollen ein

neues Buch kennen lernen, wir ahnen nicht, welchen Gedanken=
inhalt es birgt — aber eines wissen wir sicher: die logische
Gliederung der Satzteile wird die uns bekannte sein, Subjekte,
Prädikate usw. werden auch hier unterschieden sein müssen.
Das ganze Verstehenkönnen fremder Rede beruht darauf; es
wäre unmöglich, wenn wir nicht von vornherein absolut sicher
wären, dasselbe logische Gefüge, in dem wir selbst denken,
auch in der fremden Gedankenmitteilung wiederzufinden. In
diesem Sinne gibt es eine einheitliche Sprachlehre, in gleichem
Sinne auch eine einheitliche Rechtslehre. Alle objektiven Rechte,
welcher Zeit immer, welches Orts immer, haben eine und
dieselbe logische Form; diese Form des juristischen Denkens
ist fähig, den allerverschiedensten materiellen Inhalt in sich
aufzunehmen, sie ist völlig leer, eben nur Form, nicht Inhalt,
aber als diese Form ist sie doch eben überall gleich; sie ist das
kraft der Eigentümlichkeit der menschlichen Denkorganisation.

Man hat diese Tatsache bisher noch nicht genügend be=
achtet; Versuche sind gemacht, die aber zu keinem Ziele kamen,
weil man den Rahmen des Problems zu eng gespannt hat.
Es handelt sich hier in der Tat um nichts Geringeres als um
**eine Kritik der reinen Vernunft auf juristischem
Gebiete.** Das ist ein Buch der Zukunft! Es muß dereinst
geschrieben werden; unsere Wissenschaft wird eines Tages auf
dem Punkte der Detailforschung angekommen sein, von wo
sie ohne Bewältigung dieser Aufgabe nicht weiterschreiten
kann. Mir ist es vielleicht gestattet, hier einige Gedanken mit=
zuteilen, die im Bereiche jener Aufgabe liegen; nur Resultate,
keine Beweisführungen.

Das objektive Recht ordnet die kollidierenden und die
gemeinschaftlichen Interessen durch Gebote und Verbote. Die
beiden Denkformen, auf denen diese ganze große geistige
Schöpfung des Rechts beruht, sind Dürfen und Sollen.
Wäre die menschliche Seele nicht ihrer natürlichen Anlage
nach fähig, diese Begriffe zu bilden, so wäre jede rechtliche Ord=
nung unmöglich. Das Dürfen und Sollen kommt zu: den

menschlichen Subjekten, allen, einigen, einem. Auf der Kombination davon, ob gedurft und gesollt wird einerseits, andererseits davon, ob einer, ob mehrere, ob alle dürfen oder sollen, ergeben sich die Kategorien, in denen jedes objektive Recht seine Anordnungen denken muß: es muß in ihnen denken, oder es muß verzichten, zu sein. Diese Kategorien sind, wie ich noch einmal betone, völlig inhaltslos; über das, was gesollt, was gedurft wird, besagen sie nichts: sie sind lediglich die Form, in welche die tatsächlichen menschlichen Interessen als Inhalt gegossen werden, um subjektive Rechte zu sein.

| Die Zahl dieser Kategorien, also der möglichen sub= S. 6. jektiven Rechte, ist völlig berechenbar: sie ergibt sich eben aus jenen Kombinationen.

Ich schalte nur ein, daß, was hier darzulegen unmöglich ist, zum Dürfen und Sollen noch der aus der juristischen Kausalvorstellung, die ich nachher besprechen werde, abgeleitete Begriff des rechtlichen Könnens, also der Verfügungsmacht hinzutritt und die Zahl jener Kombinationen — man denke an das Problem des Pfandrechts und der Rechte an Rechten — erheblich vermehrt. Aber ich lasse ihn der Vereinfachung halber bei diesen Aphorismen lieber aus dem Spiele.

Wir können also von vornherein eine Kategorientafel für alle denkbaren subjektiven Rechte aufstellen. Nicht jedes Volk kennt in seinem objektiven Rechte alle jene Kategorien, aber jedenfalls kennt es niemals andere. Wie viele Rechte wir auch durchmustern mögen — eine Überraschung ist hier nicht mehr möglich. Und wenn auf unserem Schwestergestirn, dem Mars, Wesen leben mit der gleichen seelischen Organisation wie wir, so können sie ihr Recht nur in diesen Kategorien erzeugen.

So besteht die Obligation einfach in dem Sollen einer Person zugunsten einer anderen; das Eigentum darin, daß ich darf und jeder andere den gleichen Willensinhalt unter= lassen soll: der Unterschied zwischen dinglichem Rechte und

Obligation ist also seinem Grundinhalte nach ein notwendiger, ein weltrechtlicher; das Recht, einen öffentlichen Weg zu benützen, besteht darin, daß ich darf, ohne daß der gleiche Willensinhalt für andere untersagt ist; die negative Realservitut, z. B. die Servitut, kraft deren mir die Aussicht nicht verbaut werden darf, abweichend von den sonstigen dinglichen Rechten, nicht darin, daß ich etwas tun darf, auch nicht darin, daß ein einzelner anderer etwas unterlassen soll — sonst wäre sie eine Obligation —, sondern darin, daß a l l e anderen einen bestimmten Willensinhalt unterlassen sollen. Der Staat hat Rechte, kraft deren alle eine positive Handlung vornehmen sollen, ohne daß er darf usw. usw.

Aus diesen Kombinationen von Dürfen und Sollen, von einer, einige, alle ergeben sich also die subjektiven Rechte, die Pflichten, die Ansprüche — alle diese Begriffe sind ihrer formalen Bestimmtheit nach weltrechtlicher Natur.

Mit der Aufstellung dieser formalen Tafel der denkbaren subjektiven Rechte ist die Theorie der reinen juristischen Logik noch nicht zu Ende. Das einzelne Recht, die einzelne Pflicht kommen einem Subjekte zu. Auf dieser Subjektsseite können mehrere einzelne beteiligt sein, so daß sie teilen, so daß sie gemeinschaftlich berechtigt und verpflichtet sind. Ich glaube, obwohl ich hier nicht mit gleicher Gewißheit urteile wie vorher, daß für die Art dieser Beteiligung sich wieder zählbare Möglichkeiten a priori auffinden lassen — geteiltes Recht, Korrealität, auch „Juristische Person" — alles das sind weltrechtliche Begriffe.

S. 7. | Hiermit ist das formale Gerüst der subjektiven Rechte aufgestellt. Aber der Mensch hat seiner Anlage nach die Fähigkeit und den Trieb, zu abstrahieren. Das objektive Recht soll nicht bloß eine Ordnung der in diesem einzelnen Zeitdurchschnitte tatsächlich gerade vorhandenen Interessen, es soll eine a b s t r a k t e Ordnung sein. Die Verhältnisse sind ein ewig rinnender Strom; sie selbst und damit die möglichen Interessen und das Werturteil über sie wechseln in jedem

Augenblicke. Das objektive Recht hat also auch Vorsorge zu treffen, wie es bei jedem Wechsel der Verhältnisse mit den nun geänderten Interessen gehalten werden solle. Es normiert demnach in abstrakter Weise die Voraussetzungen, an deren Dasein es das Eintreten oder Erlöschen seiner Gebote und Verbote knüpft; mit anderen Worten, kraft unserer psychischen Anlage wird das objektive Recht überall zur hypothetischen Statuierung von Rechten und Pflichten; es knüpft die Entstehung, die Veränderung, die Erlöschung von Rechten und Pflichten an bestimmte Tatbestände an. Damit ist die überall gleiche logische Form des Rechtssatzes gegeben: auch sie ist weltrechtlicher Natur. Ich habe schon früher einmal diese logische Form als die der juristischen Kausalität bezeichnet; sie ist es auch, welche die oben erwähnte formale Kategorie des rechtlichen Könnens, der Verfügungsmacht mit Notwendigkeit hervorbringt.

Die angedeuteten Fragestellungen und Resultate klingen scholastisch — aber ich hoffe, sie klingen mehr so, als daß sie es sind. Jede logische Frage ist in gleichem Sinne scholastisch, und doch ist ihre Beantwortung nötig, gerade wie diese Kritik der juristischen Denkformen. Mit den großen Ideen freilich, um welche sich der vieltausendjährige Kulturkampf der Völker auf juristischem Gebiete dreht, haben alle diese Dinge nichts zu tun. Das Interesse der Menschheit gehört im allgemeinen der praktischen Ausgestaltung an. Neben der Arbeit indes, welche vonnöten ist, diese praktischen Ideen zu zeitigen, muß sich auch die geräuschlosere, aber nicht minder wichtige Arbeit vollziehen, welche die geistige Form des Rechts erkennt, d. h. welche reflektierend das zu Bewußtsein bringt, was in der tatsächlichen Rechtsproduktion wirklich logisch geübt ist. Wie eminent praktisch auch solche Untersuchung ist, zeigt sich gerade bei der Weltrechtsfrage. Die ganze theoretische Möglichkeit des Ausgleiches der verschiedenen Rechte basiert auf der stillschweigenden Voraussetzung, daß die logische Form des juristischen Denkens bei allen Völkern dieselbe ist — mit einem objektiven Rechte, das in andere logische Formen gebannt wäre, wäre eine Verständigung überhaupt und von vornherein unmöglich.

Demnach bleibt die andere Frage übrig: wie weit ist denn nun der materielle Inhalt der rechtlichen Anordnung überall der gleiche oder kann doch der gleiche sein? Die Antwort muß sich ergeben, wenn man die Ursachen betrachtet, welche die positiven Rechtssätze tatsächlich hervorbringen.

Diese Ursachen sind äußerst kompliziert, unendlich mannigfaltig. Im einzelnen können Laune, Willkür, selbstisches Interesse eines einzelnen Gesetzgebers oder einer Partei den Rechtssatz bestimmen. Aber das sind doch nur verschwindende und in längeren Zeiträumen sich von selbst korrigierende Abweichungen. Es bleibt trotz ihnen möglich, die Faktoren zu bezeichnen, welche im großen und ganzen die tatsächliche Rechtsproduktion überall beherrschen.

S. 8.

Zu diesen Faktoren gehören zunächst die allgemeinen religiösen und ethischen Ideen, welche in einem Volke herrschen. Wenn ich hier von ethischen Ideen spreche, so will ich damit zugleich die allgemeinen Gerechtigkeitsgrundsätze umfaßt haben. Wie weit diese ethischen, insbesondere also auch diese Gerechtigkeitsvorstellungen eines Volkes sich auf Zweckmäßigkeitserfahrungen zurückführen lassen, diese schwierige Frage will ich hier nicht beantworten. In jedem historisch gegebenen Augenblicke existieren wenigstens diese Ideen ohne ein anderes Bewußtsein des Ursprunges ihrer Geltung als das, daß sie eben ihrer selbst halber gelten; und sie bestimmen dann die weitere Rechtsproduktion selbst da, wo der einzelne durch sie bestimmte Satz für sich genommen nicht zweckmäßig erscheinen sollte.

Von größter entscheidendster Bedeutung sind ferner die Vorstellungen über die Zweckmäßigkeit des einzelnen Rechtssatzes. In der Tat sind die Rechtssätze im weitesten Umfange lediglich ein Ausdruck der Erfahrung eines einzelnen Volkes über das, was es als sozial, also zur Fortentwicklung der Gemeinschaft zweckmäßig erkennt. Wie sehr dies wahr ist, das lehrt uns gerade gegenwärtig das bekannte Werk, in welchem einer unserer Meister die gesamte Gesellschaftsordnung unter dem Motto „der Zweck ist der Schöpfer des ganzen Rechts" gedanklich nachzubauen beschäftigt ist.

Neben dem Zwecke gibt es aber noch eine andere Macht, deren Wirksamkeit bei der Rechtsproduktion nur allzu oft übersehen wird: das ist die Konsequenz. Sie ist freilich Faktor der Rechtsproduktion nur, wenn einmal ein allgemeineres materielles Rechtsprinzip da ist. Sie wirkt aber dann zweifellos objektives Recht durch die spezialisierende Entwicklung dieses Prinzips.

Man darf hiergegen nicht den Einwand erheben, daß doch das Prinzip selbst erst aus der Entscheidung des einzelnen, aus den einzelnen vorhandenen Rechtssätzen abstrahiert sei. Diese Vorstellung ist zwar weit verbreitet und sehr modern, nichtsdestoweniger aber doch nicht in vollem Umfange wahr. Denn einmal gibt es Rechtsprinzipien, welche unmittelbar und vor Beobachtung ihrer Einzelwirkungen aus religiösen und ethischen Gründen sofort das Bewußtsein ihrer Geltung erzeugen; zweitens übernimmt häufig ein Volk allgemeinere Rechtsideen von einem anderen, bei dem es sie kennen lernt, weil es sie, wiederum vor Durchprüfung ihrer einzelnen Konsequenzen, für gerecht hält — Ideen wirken mit der Kraft der Ansteckung; endlich werden die allgemeineren Rechtsprinzipien, die wir aus dem vorhandenen Rechte abstrahieren, immer nur auf Grund eines | unvollkommenen In= S. 9. duktionsmaterials aufgebaut. Man mag das bedauern, aber es ist so. Die Fähigkeit und die Lust zur Abstraktion ist eine seelische Anlage, die überall wirkt; auch kommt hinzu, daß das Recht, um eine Interessenordnung zu sein und auch künftige Fälle zu regeln, möglichst abstrakt sein muß: es ist zweckmäßig, abstrakte Sätze selbst auf die Gefahr hin, daß sie im Einzelfalle wenig passende Resultate ergeben, aufzustellen.

Denn wenn es ein Übel ist, daß die Entscheidung im Einzelfalle unzweckmäßig ist: ein noch größeres Übel ist es, wenn überhaupt jede Norm für den Einzelfall fehlt und damit der Willkür freier Spielraum gegeben ist.

Existieren aber einmal allgemeine Rechtssätze mit dem Bewußtsein ihrer Geltung, so ist nun die Konsequenz zweifellos eine produktive Kraft. Ich denke hierbei nicht bloß an die Konsequenzziehung und Analogiebildung seitens der rechtanwendenden Juristen, sondern auch an die Gesetzgebung. Jede Gesetzgebung auch neuerer Zeit kann dafür, wie ich glaube, Belege bieten. Es entspricht eben dem logischen Bedürfnisse des Menschen, Rechtssätze zu haben, welche zueinander in dem Verhältnisse der Ableitbarkeit stehen, es entspricht auch seinem Gerechtigkeitsgefühle, daß, wenn die eine Konsequenz gilt, auch die andere angenommen wird. Auf die Tatsache, daß unser Gerechtigkeitsgefühl vielfach nichts anderes ist als das Gefühl logischer Harmonie, will ich hiermit nur hingewiesen haben. Ich präzisiere also noch einmal: wenn einmal ein allgemeinerer Rechtssatz angenommen ist, so wird die Gesetzgebung nun auch seine einzelnen Folgerungen annehmen, ohne ihre Annahme erst auf Zweckmäßigkeitserwägungen im einzelnen Falle zu stützen; nur wenn sich der Geltung des einzelnen Satzes entscheidende und wichtige Zweckmäßigkeitserwägungen entgegenstellen, wird sie allerdings eine Ausnahme machen und utilitatis causa ein ius singulare schaffen — die Geschichte des römischen Rechts gibt uns hierfür hundertfache Belege. Man kann die Antithese so zuspitzen: bei der oben besprochenen Rechtsproduktion wurden die einzelnen Sätze deshalb angenommen, weil sie zweckmäßig erschienen; hier werden sie angenommen, weil sie konsequent erscheinen, und erst dann allmählich fallen gelassen, wenn sie entschieden unzweckmäßig erscheinen; dort ist die Zweckmäßigkeitserwägung Grund ihrer Einführung, hier höchstens Grund ihrer Ausschließung. Die Erkenntnis dieser Tatsache ist um deshalb so wichtig, weil wir uns eben bei

hundert und wieder hundert Einzelsätzen über ihre Zweck=
mäßigkeit keine oder doch nur widerstreitende Urteile bilden
können: solche Sätze bleiben dann so lange bestehen, bis die
Einsicht ihrer Unzweckmäßigkeit durchdringt, lediglich deshalb,
weil sie konsequent sind. Mit Recht durfte ich deshalb auch
die Konsequenz einen rechtsproduzierenden Faktor nennen.

Tatsächlich vorhandene allgemeine religiöse und ethische
Ideen, Zweckmäßigkeitserwägungen und Vorstellungen über
das, was die Konsequenz erfordert — das also sind die Haupt=
faktoren, welche die tatsächliche Rechtsproduktion beherrschen.

| Um nun die Möglichkeit eines Weltrechts zu bestimmen, S. 10.
müssen wir diese tatsächlich für den einzelnen Rechtssatz wir=
kenden Gründe kritisch betrachten, sie auf ihren Wert oder
Unwert hin prüfen: welche von ihnen haben vor unserem
kritischen Blick im Einzelfalle die Berechtigung, als weiter=
wirkend anerkannt zu werden, welche nicht? Die Antwort
ergibt sich von selbst. Zu entscheiden haben die ethischen und
religiösen Ideen, welche wir als wahr anerkennen, die Zweck=
mäßigkeitserwägungen, welche objektiv für die gegebenen Ver=
hältnisse richtig sind, d. h. das wirklich Zweckmäßige treffen,
und die Konsequenzziehungen, welche logisch gerechtfertigt sind.
Damit ist zugleich aber schon die Grundlage gegeben, von
der aus wir die Frage nach der Möglichkeit des Weltrechts
entscheiden müssen. Sofern diese objektiv berechtigten, kritisch
von uns anerkannten Gründe für jedes Volk die gleichen sind,
muß auch ein gleiches Recht für jedes Volk möglich sein. Die
logische Konsequenz ist nun selbstverständlich überall dieselbe,
erfordert also, wenn einmal ein gleichheitlicher allgemeiner
Rechtssatz da ist, auch die gleichen Einzelrechtssätze als Folge=
rungen; für die ethischen und religiösen Ideen gibt es — an
diesem Glauben müssen wir festhalten — nur eine objektive
Wahrheit: hier gibt es Ideen, die nur einmal gefunden
werden müssen, um dann unverlierbar zu sein. Es bleibt
also nur das dritte Element übrig: wir haben zu prüfen,
ob die Zweckmäßigkeit eines einzelnen Satzes für jedes Volk

und jede Zeit eine objektiv verschiedene oder ob sie die gleiche ist. Wenn sie überall völlig verschieden ist, dann ist auch der Gedanke eines möglichen Weltrechts ein Phantom, das wir so bald wie möglich los zu werden suchen müssen; wenn sie und soweit sie gleich ist, muß auch ein Weltrecht möglich sein — das ist in der Tat ein Gedanke, der nicht anders gedacht werden kann.

Ein Weltrecht muß **möglich** sein — aber ich bin leider mit meinen Distinktionen noch nicht zu Ende. Wenn es auch möglich sein sollte, so ist damit doch noch nicht gesagt, daß es auch **nötig** ist. Von vornherein müssen wir auch diejenige Gestaltung der Sachlage als denkbar betrachten, derzufolge mehrere zweckmäßige Lösungen eines und desselben Gesetzgebungsproblems nebeneinander möglich sind, sei es, daß sie beide völlig gleich zweckmäßig sind, oder daß eine jede ihre eigentümlichen Vorzüge und Nachteile hat, so also, daß sie beide gleichmäßig zweckmäßig und unzweckmäßig sind. Wo die Dinge so liegen, ist die Gleichheit des Rechts zwar möglich, aber von dem bisher eingenommenen kritischen Standpunkte aus nicht notwendig.

Mit diesen hypothetischen Aufstellungen habe ich die Aufgabe bezeichnet, durch deren Lösung allein eine Klarheit über die Weltrechtsfrage zu erzielen ist. Jeder einzelne Rechtssatz jedes einzelnen Rechts wäre für das Volk, für das er gelten soll, auf seine objektive Zweckmäßigkeit hin zu prüfen; d. h. es müssen die Verhältnisse klargestellt werden, unter denen zu wirken er berufen ist. Die Verhältnisse zweier Völker in bezug auf Klima, Produktion, Verkehr, Temperament usw.

S. 11. können außerordentlich ver= | schieden sein: man hat nun zu prüfen, ob auch gerade **das** in den Verhältnissen verschieden ist, was für die Frage nach der Zweckmäßigkeit des Rechtssatzes entscheidend ist, das also, was die Erreichung der eigentümlichen Zwecke, die mit ihm verfolgt werden, bedingt, oder ob trotz Verschiedenheit der Verhältnisse im übrigen gerade das für ihn Wesentliche der Verhältnisse doch bei den beiden

Völkern übereinstimmt. Kurz, man wird für jeden einzelnen Rechtssatz nicht sowohl und nicht bloß den historischen Grund seiner Geltung, sondern den der Kritik gegenüber wesenhaften Grund zu suchen haben und danach für jedes einzelne Rechtsproblem bestimmen können, ob eine einheitliche Regelung bei den verschiedenen Völkern notwendig, möglich oder unmöglich ist.

Und da glaube ich nun: jede Forschung, welche in der angegebenen Richtung vorgeht, wird zu dem überraschenden, der Modeüberzeugung freilich widersprechenden Resultate führen, daß in Wahrheit viel weniger notwendige Ungleichheit besteht, als es zunächst scheint. Man wird vielmehr finden, daß einmal ein sehr großer Teil der grundlegenden Sätze unseres Privatrechts in seiner Wirkung, also in seiner Zweckmäßigkeit von Verhältnissen abhängt, die überall völlig einander konform sind: er bezieht sich auf wirtschaftliche Grundtatsachen, welche mit Notwendigkeit bei jedem Volke dieselben sind. Weil aber diese einfachsten Faktoren, mit denen der Rechtssatz zu rechnen hat, die gleichen sind, so kann auch der Rechtssatz der gleiche sein. Eine andere große Masse von Rechtssätzen ist für Verhältnisse zu wirken bestimmt, welche komplizierter sind und sich erst bei gesteigerter Kultur vorfinden. Diese Verhältnisse sind aber wenigstens für die heutigen Kulturnationen im wesentlichen die gleichen, und soweit sie es nicht sind, werden sie durch den immer wachsenden Einfluß des nivellierenden Völkerverkehrs allmählich gleich — also ist auch hier wenigstens für die Kulturnationen gleiches Recht möglich.

Ich bestreite natürlich keinen Augenblick, daß es daneben auch eine große Reihe von Rechtssätzen gibt, die notwendig für die einzelnen Völker verschieden sein müssen. Aber wie ich schon vorher sagte: ich glaube, sie sind nicht so zahlreich, wie man in der Regel annimmt. Jeder große Kodifikationsversuch hat das bisher noch gezeigt: zuerst schien es unmöglich, die verschiedenen interprovinziellen und interlokalen

Verschiedenheiten auszugleichen — und es ist schließlich doch bequem gegangen. Sollte nicht gerade das für so viele und so sehr verschiedene Volksstämme geltende österreichische Bürgerliche Gesetzbuch ein schlagendes Zeugnis hierfür sein? Man lese ferner die eben erschienenen Motive zum Entwurfe des allgemeinen Teiles unseres neuen deutschen Bürgerlichen Gesetzbuches — es ist geradezu erstaunlich, wie wenig spezifisch nationale Erwägungen sich in demselben finden.

Das Urteil, das einen einzelnen Satz für notwendig, für unentbehrlich und darum eine Ausgleichung für unstatthaft erklärt, fließt vielfach weniger aus klarer Erkenntnis der S. 12. sozialen, insbesondere der wirtschaft= | lichen Funktion des einzelnen Rechtssatzes, als aus einem Rechtsgefühl: dieser Satz und nur gerade dieser wird als gerecht empfunden. Dies Rechtsgefühl ist um so stärker und gewaltiger, je kompakter die Volksmassen sind, in denen es herrscht — es wächst sozusagen im Quadrat der Masse, über die es sich ausbreitet — und je länger es schon besteht. Aber so wenig ich die Macht dieses Rechtsgefühls und die Notwendigkeit, es womöglich zu schonen, verkenne, so wage ich doch die Behauptung, daß es in vielen Fällen kein ursprüngliches, sondern erst ein sekundäres ist: nicht die Gerechtigkeitsvorstellung ist es, welche den Rechtssatz erzeugt hat, der jetzt da ist, sondern sie selbst ist erst das Ergebnis davon, daß der Rechtssatz gegolten hat: sie hat nicht den Rechtssatz, sondern der Rechtssatz hat sie geschaffen. Diese psychologische Tatsache, glaube ich, kann man unendlich oft beobachten: das tatsächliche Bestehen eines Rechtssatzes durch längere Zeit hindurch schafft oder erhöht wenigstens durch Gewöhnung das Bewußtsein von seiner Notwendigkeit. Kann man ja doch sogar oft genug beobachten, daß Rechtssätze durch Veränderung der Ideen und Verhältnisse, aus denen und für die sie einst erwachsen sind, unverständlich, ja unzweckmäßig werden und dennoch fortbestehen, lediglich durch das Schwergewicht ihrer Existenz, ja daß man sie sogar als ein zu hütendes Nationalgut empfindet. Denn keine geistige Welt ist schließlich schwerflüssiger als das Recht, keine konservativer — und so hält das Herz des Volkes auch das fest, was der kritische Verstand schon gerichtet hat oder doch richten müßte. Wieviel mehr nun da, wo in der Tat verschiedenartige Lösungen desselben Problems gleich viel für sich haben!

Ich denke als Beispiel an das eheliche Güterrecht und das gemeine Erbrecht; so auffällig es klingt, so glaube ich doch, daß die Verschiedenheiten der Rechte auf diesen Gebieten weniger durch zwingende soziale Verhältnisse als durch das festgehalten werden, was ich soeben als ein durch Gewöhnung entstandenes sekundäres Rechtsgefühl bezeichnete. Das erscheint sehr radikal, aber man frage sich nur, ob in den modernen christlichen Staaten der Bildungsstand der Frauen, ihre soziale Stellung, die Grundauffassung der Ehe wirklich noch differieren? ob das natürliche Verhältnis der Eltern zu den Kindern im wesentlichen verschieden geartet ist? Hierauf muß man doch sicherlich mit einem Nein antworten. Daraus ergibt sich aber, daß eine Notwendigkeit für die Verschiedenheit des ehelichen Güterrechts und großer Teile des Erbrechts nicht vorliegt. Handelt es sich ja doch namentlich beim ehelichen Güterrecht meist nur um subsidiäre Normen, welche nur eintreten, wenn die Parteien nichts anderes bestimmt haben! Ob hier eine Ausgleichung wünschenswert ist, diese Frage ist erst später zu beantworten; unmöglich ist sie jedenfalls nicht.

Wohl aber lassen die wirtschaftlichen Verschiedenheiten eine Verschiedenheit der Behandlung des Grundeigentums notwendig erscheinen, namentlich auch der Behandlung des Grundeigentums im Erbrechte. Von Wichtigkeit ist es indes, hier festzuhalten, daß diese Verschiedenheiten der sozialen Ver= | hältnisse durchaus nicht mit den Volks= oder gar Staats= S. 13. grenzen Hand in Hand gehen. Ich denke bei dem Gesagten an die in Deutschland seit vierzehn Jahren gemachten Versuche, durch neue Landgüterordnungen in einzelnen Provinzen eine zu große Aufteilung des bäuerlichen Grundbesitzes zu verhüten, an das Recht der Familienfideikommisse, an die Jagdschutz- und Waldschutzgesetzgebung, an das Wasserrecht, an die Einrichtung der öffentlichen Grundbücher usf.

Ja ich gehe noch einen Schritt weiter. Soweit es nur eine einzige gerechte und zweckmäßige Regelung für ein Rechtsproblem gibt, muß die Rechtseinheit aller Völker von selbst kommen, sofern sie nicht schon da ist. Das Weltrecht ist hier nur eine Frage der Zeit. Dies Vertrauen müssen wir auf die Fortentwicklung der Welt haben. Auch der eigenmächtigste Gesetzgeber kann diese Entwicklung nicht auf die Länge aufhalten. Denn er wird schließlich, wie frei er sich auch wähnen mag, doch in all seinem Meinen und Tun durch Mächte regiert, die stärker sind als er: er ist nur eine viva vox temporis und setzt nur das als Recht, was den Vorstellungen und Ideen seines Volkes entspricht. Diese Vorstellungen und Ideen müssen sich aber allmählich läutern: die Erkenntnis dessen, was zweckmäßig und gerecht ist, muß allmählich wachsen, denn keine Macht ist gewaltiger als die der Wahrheit. Dies gilt vor allem gerade von den Grundinstitutionen unseres Privatrechts. Im Kampfe ums Dasein, den wie die einzelnen so auch die Völker führen, werden eben nur die Nationen, deren fundamentale Rechtseinrichtungen am zweckentsprechendsten und darum am meisten zur Erhaltung der gesunden Volkskraft geeignet sind, ihre Existenz bewahren und vorwärtsschreiten können; die anderen gehen unter, verlieren ihre Selbständigkeit, fallen fremder Zivilisation anheim. Ich meine also: jedes Volk muß allmählich zur gerechten und zweckmäßigen Lösung der überall gleichen Rechtsprobleme kommen, sei es durch eigene Erfahrung, sei es dadurch, daß es allgemeine Rechtsgrundsätze bei anderen Völkern kennen lernt und sie dann bei sich adoptiert. Gerade das letztere können wir ja täglich vor uns sehen. Gewisse rechtliche Grundideen tauchen bei einem Volke auf und schreiten dann in geradezu unwiderstehlichem Siegeszug von Volk zu Volk vorwärts.

Als Beispiel möge die Statuierung der Schadenersatzpflicht dienen.

Die Gründe, welche zur Festsetzung einer Schadenersatzpflicht wegen schuldhafter Beschädigung fremden Rechts führen, sind überall völlig die gleichen; die Unterscheidung zwischen Schuld und Nichtschuld, die Erkenntnis dessen, was Schaden ist, muß überall allmählich erfolgen. Man mache nur die Gegenprobe und versuche zu sagen, welche Verhältnisse hier für verschiedene Völker dieses Prinzip tangieren sollten: es ergibt sich von selbst aus der Anerkennung des fremden Rechts. Für kompliziertere soziale Verhältnisse macht sich, wiederum völlig gleichmäßig, ein neues Prinzip der Schadenersatzpflicht nötig, und wir können geradezu von Jahr zu Jahr verfolgen, wie es sich überall in praktisches Recht umsetzt. Ich meine dies, | daß der Unternehmer einer gewerblichen Unter- S. 14. nehmung auch für den Schaden aufzukommen hat, der, wenn auch ohne seine persönliche Schuld, bei dem Gewerbebetrieb und durch denselben eintritt; wirtschaftlich ausgedrückt: der Unternehmer muß die Gefahr zu den Betriebskosten rechnen, sofern nur diese Gefahr eine solche ist, wie sie beim regelmäßigen Betrieb des Gewerbes vorkommt und daher von vornherein mit in Anschlag gebracht werden kann, mit anderen Worten, sofern nur nicht höhere Gewalt vorliegt. Erst im Rahmen dieses Prinzips öffnet sich ein Verständnis dessen, was vis maior ist, wie das noch unlängst in einer vortrefflichen Arbeit entwickelt ist. Das gedachte Prinzip zeigt sich schon im römischen Rechte wirksam: so bei dem receptum der Gastwirte, in der Lehre von der Gefahrtragung bei der Werkverdingung. Im modernen Rechte greift dies Prinzip stärker und stärker um sich: man denke nur an die Haftpflichtgesetzgebung für Eisenbahnen usw. In den gleichen Zusammenhang gehört — wenigstens zum großen Teile — die neue Sozialgesetzgebung, wennschon die Ausgestaltung hier den Umständen nach eine andere sein muß. Auch in bezug auf diese Sozialgesetzgebung liegen bei den heutigen Kulturvölkern die Verhältnisse so gleich, daß sich schon jetzt mit Sicherheit prophezeien läßt: über kurz oder lang müssen alle Kulturvölker auf dem Wege, den die deutsche Sozialgesetzgebung beschritten hat, nachfolgen — oder sie werden in soziale Krisen kommen, die unberechenbaren Ausgang haben. Und hieran knüpfe ich auch die Hinweisung darauf, wie die rechtliche Normierung des Arbeitsverhältnisses bei den modernen Völkern allmählich die gleiche wird, wie sie alle allmählich unter dem Zwange überall gleichmäßig zutreffender Zweckmäßigkeitserwägungen zu einer Arbeiterschutzgesetzgebung kommen. Wie sehr wir darin noch gerade von Österreich zu lernen haben, ist bekannt.

Ich möchte noch eine Vergleichung zur Verdeutlichung anführen. Jedes Volk konstruiert sich ursprünglich selbständig seine eigenen Waffen und Gerätschaften, und doch wie groß ist die Übereinstimmung der Grundzüge! Nun ist es zwar bekanntlich nicht jedem Volke gegeben, das Pulver zu erfinden: aber wenn das einmal von einem Volke erfunden ist, so muß auch jedes andere Volk über kurz oder lang diese Erfindung bei sich adoptieren — es geht sonst zugrunde. Das Recht ist aber auch nichts anderes als eine Waffe: eine Waffe im Kampfe gegen Rohheit, Leidenschaft, Selbstsucht, eine Waffe zur Eroberung der Gesittung, des Wohlstandes, des Glücks. Alle Nationen kommen denn auch, wie die tatsächliche Beobachtung zeigt, zu einer im wesentlichen gleichen Lebensordnung: zur Anerkennung der Privatrechte des einzelnen, zur Statuierung von Eigentum, Ehe, Ehre. Ob die in ihren Grundzügen gleiche Lebensordnung der heutigen Gesellschaft schon wirklich die zweckmäßigste ist, ob nicht über sie hinaus noch eine bisher ungeahnte soziale Entwicklung zu einem schöneren, freieren, reicheren Ideal möglich ist — namentlich in der Richtung einer größeren Nivellierung in der Verteilung der äußeren Güter —, diese abschweifende Frage an

S. 15. die | Zukunft steht es mir nicht an, zu beantworten. Genug: wir können den Punkt bezeichnen, auf den hin wenigstens zurzeit die rechtliche Entwicklung aller Völker, soweit wir sehen können, konvergiert.

Damit tut sich eine ungeheure Perspektive auf. Von der Höhe dieses Gesichtspunktes aus erscheinen die einzelnen Völkerindividuen und ihre Rechte nicht mehr wie eine regellos umherwirbelnde Masse unverbundener Atome, sondern wie eine durch einen einheitlichen Zweck fortbewegte und unbewußt nur diesem einen Zweck dienende Menge von Mitteln: „Vollbringer seiner Verwirklichung, Zeugen und Zierraten seiner Herrlichkeit"; und ich drücke meine Empfindung nicht besser aus, als indem ich ein bekanntes fremdes Wort umändernd verwende: „Welches Schauspiel! Von dieser Höhe aus sieht man die einzelnen Völker und Völkerrechte als ebenso viele Flüsse sich in das Weltmeer der Geschichte stürzen" — der Geschichte, deren Gegenstand die Gesamtentwicklung des Menschheitsgeistes ist.

Erlauben Sie mir, meine vielleicht etwas zu abstrakt ausgefallenen Darlegungen noch durch zwei Illustrationen zu vervollständigen. Ich wähle dazu die Gleichheit der subjektiven Rechte und die der Rechtsgeschäfte.

Daß die subjektiven Rechte, welche vom objektiven Rechte anerkannt werden, ihren Denkformen nach überall dieselben sind, habe ich schon vorher besprochen. Was ich hier meine, ist dies, daß sie auch in ihren Grundinhalten überall die gleichen sind. Denn das objektive Recht als die Interessenordnung für die soziale Gemeinschaft muß eben die normalen Grundinteressen der Menschen schützen und regeln: das ist sein einziger Zweck. Diese sind aber bei allen Völkern die gleichen, denn sie ergeben sich lediglich aus der geistigen und körperlichen Eigenschaft des Menschen und aus den äußeren Bedingungen, in die er von Natur gestellt ist; beide sind aber im wesentlichen überall gleich. Die menschliche Seele ist in ihren Grundfunktionen heute keine andere als sie vor Jahrtausenden war. Schon Spinoza sagt, daß in der langen

Kulturentwicklung niemals eine neue Leidenschaft aufgetreten sei. Aber auch die Verhältnisse, welche den Inhalt der Interessen bestimmen, sind im wesentlichen dieselben. Überall lebt der Mensch mit anderen seinesgleichen, soweit wir sehen können, in Gemeinschaft; überall steht ihm eine feindliche Natur gegenüber, der es mit vereinten Kräften zu widerstehen gilt, welche Arbeit erheischt und das produziert, was der einzelne heute wie ehemals zu seinem Leben bedarf. Gleiche Ursachen aber erzeugen gleiche Wirkungen; gleiche Reize auf die Seele erzeugen auch gleiche Vorstellungen und Willenstriebe.

Drei Interessengebiete ursprünglichsten Inhalts lassen sich sofort unterscheiden: das Interesse an der Integrität der eigenen Person, an Leben, Gesundheit, Freiheit; das Interesse an den äußeren Gütern, deren der Mensch seiner Natur nach bedarf; endlich das Interesse an fremden Personen, an ihrem Tun, Lassen und Dulden, mag er

S. 16. diese | fremden Personen nun als Mittel zur Erlangung äußerer Güter oder selbst unmittelbar als Objekte benützen, an denen er seine vorhandenen Triebe, den Geschlechtstrieb, die Lust zur Herrschaft usw. befriedigt.

Indem die Erfahrung nun lehrt, daß die Ordnung dieser Grundinteressen dem Verkehr allein nicht völlig überlassen werden kann, daß eine Ordnung aber doch nötig ist, weil sonst die soziale Gemeinschaft nicht fortzubestehen vermag, wird sie eine Ordnung derselben durch Versagung oder Erteilung der rechtlichen Anerkennung und des rechtlichen Schutzes ausbilden; so kommt jedes Volk allmählich zu einem subjektiven Rechte an Sachen — welchen Namen dasselbe auch immer tragen möge —, zu einem Rechte an und gegen andere, zu einem Rechte auf die eigene Persönlichkeit. Der Inhalt dieser Rechte ist im einzelnen sehr variabel — man denke nur an väterliche Gewalt, Ehe —, aber auch hier drängen überall gleichmäßige Zweckmäßigkeitserwägungen zu immer einheitlicherer Gestaltung. Wenn neuerdings wieder von einigen afrikanischen Völkerschaften behauptet ist, daß ihnen jegliche Eigentumsinstitution fremd sei, so zeigen diese Berichte selbst, daß hier eine falsche Schlußfolgerung vorliegt. Diese Völker kennen vielmehr auch ein ausschließliches Recht an Sachen, nur steht dasselbe nicht dem einzelnen, sondern der Gemeinschaft zu. In der Tat scheint die neuerdings gewagte Vermutung sich zu bestätigen, daß in Anfangskulturformen zwar die subjektiven Rechte schon als solche gekannt sind, aber daß als Rechtssubjekte für dieselben nicht sowohl die einzelnen als vielmehr gewisse Gesamtheiten, Geschlechter, Stämme aufgefaßt werden. Daß es sich hier aber doch immer schon um subjektive Rechte handelt, zeigt sich im Schutze dieser Rechtsgüter gegenüber anderen Stämmen und Geschlechtern. Die Beobachtung zeigt nun bis jetzt überall übereinstimmend einen Fortgang von der Gemeinwirtschaft zur Individualwirtschaft. Am spätesten bildet sich, wie es scheint, das Individualeigentum — die überall übereinstimmenden psychologischen Gründe sind leicht kenntlich. Inwieweit bei ganz hoch entwickelter Kultur wieder ein gewisses Zurückkommen auf eine andersartige Gemeinschaft stattfindet, lasse ich hier unerörtert.

Mit steigender Kultur steigt die Zahl der als schutzwert erkannten Interessen und darum der subjektiven Rechte, während andererseits gewisse Interessen als nicht mehr schutzwert erkannt und darum auch nicht mehr anerkannt werden; man denke nur an die Sklaverei. Auch diese Entwicklung vollzieht sich bei allen Völkern im wesentlichen in vollkomm gleichmäßigem Progresse: gleiche Kulturstufe, gleiche Interessen; ich erinnere an das Autorrecht, an das Patentrecht; andere Interessen ähnlicher Art kämpfen noch um ihre Anerkennung: die Gründe aber, welche für die gesetzgeberische Frage, ob sie anzuerkennen sind oder nicht, ausschlaggebend sein müssen, sind überall die gleichen. Selbst da, wo die Volksseele am individuellsten atmet, wie z. B. bei der Ehrempfindung, zeigt sich die Gleichheit der Interessen und infolgedessen des Rechtsschutzes auf gleicher Kulturstufe.

S. 17. | Eine, wie mir scheint, äußerst instruktive Illustration zu dem Gesagten bieten ferner die **Rechtsgeschäfte**, insbesondere die Verträge. Sie sind als rein tatsächliche überall auch ohne das Recht da; das Recht findet sie **vor**, es er**findet** sie nicht. Denn der Mensch hat Willen und hat Sprache. Er wird also versuchen, durch Mitteilung seines Willens an andere auf deren Entschlüsse derart motivierend einzuwirken, daß durch die Handlungen der anderen **sein** Interesse erreicht wird. Diese wichtigste Tatsache des Gemeinschaftslebens aber, das Vorkommen solcher Verträge, kann kein objektives Recht ignorieren, es muß sie anerkennen, soweit es sie überhaupt begreift.

Wohl kann es verschiedene Formen für sie verlangen — hier kann bei dem einen Volke etwas anderes zweckmäßig sein als bei dem anderen: im übrigen sind aber Erfordernisse wie Wirkungen der Verträge überall gleichmäßig zu bestimmen. Ich spreche zuerst von den **Wirkungen**. Das objektive Recht muß hier **die** Funktion anerkennen, welche der Vertrag tatsächlich schon vor dem Rechte ausübt. Die Parteien verfolgen wirtschaftliche oder sonstige Zwecke mit ihm: das objektive Recht hat also diesem von den Parteien beabsichtigten sozialen Erfolge den starken Arm seines Schutzes zu leihen. Darum gerade lassen die Verträge eine so allgemeine rechtliche Regelung zu, weil der Tatbestand selbst im Wesentlichen Maß und Ziel der rechtlichen Wirkung bestimmt. Nur wo ganz besondere Zweckmäßigkeitsgründe dafür sprechen, hat das objektive Recht die Absicht der Parteien zu korrigieren oder ihr gar seine Sanktion zu versagen. Diese Ausnahmsfälle können nach den verschiedenen sozialen Verhältnissen vielleicht verschieden festgesetzt werden müssen; man denke an die Behandlung des Wuchers, des Spiels, der Differenzgeschäfte.

Sanktionieren heißt aber nicht bloß zulassen, sondern heißt, wenigstens in der Regel, jede Partei zugunsten der anderen binden. Die bindende Kraft der Verträge ist erst ein mühsam errungenes Bildungsprodukt: sie ist durchaus nicht ein Recht, das mit uns geboren ist. Aber gerade das, daß, soweit wir sehen können, alle Völker allmählich zu diesem Grundsatze kommen, beweist, daß er durch bei ihnen allen gleich gültige Zweckmäßigkeitserfahrung erfordert, daß er also weltrechtlicher Natur ist.

Auch der mögliche **Inhalt der ursprünglichen Verträge** ist von vornherein für jedes Volk durchaus derselbe. Denn er ist einfach durch das Dasein der, wie ich oben sagte, überall gleichen Interessen bestimmt. Das objektive Recht hat die im Verkehre sich ausbildenden Verträge nur aufzufassen und auszubilden, nicht erst zu schaffen. Kein Volk ist je gefunden, das nicht den Tausch kennte; sobald es Geld kennt, ergibt sich auch der Kauf, die Miete in ihren verschiedenen Formen, das Darlehen usw. Wenn es wahr ist, was Viktor von Scheffels Muse singt, daß dieses letztere Geschäft vom alten Pumpus von Perusia herstammt, so hat doch dieser etruskische Held jedenfalls keine spezifisch etruskische, sondern eine weltrechtliche Erfindung gemacht. Und so muß ferner jedes Volk auch zur Sozietät, zum Mandat, zum Depositum usw. kommen. Freilich ist die Arbeit, diese Verträge als solche S. 18. aufzufassen und rechtlich zu begreifen, eine außerordentliche, und sie wird nur ganz langsam geleistet: jedes objektive Recht gleicht hier dem Geiste, den es begreift.

Wenn es aber auch nur ein einziges Rechtsgeschäft, sei es welchen Inhaltes und unter welchem Formerfordernisse immer, kennt und anerkennt, so rollt sich sofort eine fast unübersehbare Reihe von Problemen auf und fordert gebieterisch Regelung. Diese Probleme sind wiederum für jedes objektive Recht vollständig die gleichen, die Regelung muß es auch sein. Die Probleme: wer ist rechtsgeschäftsfähig? wie steht es in den pathologischen Fällen der Differenz zwischen Absicht oder Wille und Erklärung, wie bei Irrtum oder Zwang? Ferner: die Parteien pflegen nur das Gesamtbild eines Erfolges, insbesondere bei vermögensrechtlichen Geschäften eines Erfolges wirtschaftlicher Art vor der Seele zu haben, zugleich aber mit dem Gedanken, daß dieser Erfolg rechtliche Kraft haben, rechtlich binden solle. Dieses letztere Moment macht ihre Absicht zur juristisch relevanten (und etwas anderes habe auch ich, wie ich hier parenthetisch bemerke, unter der vielberedeten „juristischen Absicht" nicht verstanden und verstehe ich nicht darunter; ich denke mir natürlich nicht, daß der Laie bei seinen Rechtsgeschäften sich die juristische Konstruktion im einzelnen zum Bewußtsein bringt, deren Klarstellung dem Juristen selbst oft genug die größte Mühe macht). Diese Parteiabsicht gilt es nun juristisch auszubeuten, und zwar für alle Arten wirklicher Geschäfte. Eine erhöhte Wichtigkeit gewinnt solches Ausbeuten namentlich dann, wenn die Absicht besonders geeigenschaftet ist — bei Bedingung, Befristung, Voraussetzung, Stellvertretungsabsicht usw. Alle hier sich darbietenden Fragen sind in jedem Recht völlig gleiche; der Unterschied beispielsweise zwischen Suspensiv- und Resolutivbedingung, zwischen Stellvertretung und Botenschaft ist ein durchaus nicht spezifisch juristischer — gerade die Bedingung hat man zum Schaden der Lehre mit Unrecht als eine privatrechtliche Erfindung angesehen, während sie auch bei unjuristischen Handlungen und auch im Strafrecht vorkommt. Endlich: die Parteien entscheiden nicht alle der Entscheidung bedürftigen Punkte, oder die Verhältnisse ändern sich später: hier hat das objektive Recht nicht bloß zu sanktionieren, es hat auch zu ergänzen; man denke an Erfüllungszeit, Erfüllungsort, Eviktion, Fehler, Zuwachs oder Untergang der Sache.

Darüber zunächst kann kein Zweifel sein, daß alle diese Fragen, d. h. diese Tatsachen und Unterscheidungen unabhängig von jedem objektiven Rechte sind. Aber ich meine auch die Antwort, die juristische Regelung, ist fähig, überall die gleiche zu sein. Es läßt sich durchaus nichts entdecken, was bei all diesen so allgemein menschlichen Fragen eine Verschiedenheit der Antwort für die einzelnen Nationen nötig machte. Es ist lehrreich, zu sehen, wie selbst diejenigen Juristen, die die historischsten unter den historischen sein wollen, doch bei allen derartigen Fragen ein im Wesen des Verhältnisses liegendes, ein immanentes Recht suchen, beständig von dem reden, was die Natur der Sache fordert usw. Hier ist der | Punkt, dies S. 19. zu verstehen: sie suchen das zweckmäßige Recht, welches eben für diese allgemein menschlichen Verhältnisse überall das gleiche ist: sie suchen unbewußt das Weltrecht. Oder meint man etwa wirklich, bei dem einen Volke könne über die Frage nach der rückwirkenden Kraft der Bedingung etwas anderes gerecht und zweckmäßig sein als bei einem anderen? Man lese nur in der massenhaften neueren Literatur und so auch in den Motiven zum deutschen Entwurfe die Gründe, welche bei der Normierung der Irrtumsfrage für die sogenannte Willenstheorie und für die sogenannte Vertrauenstheorie vorgebracht werden: sie berücksichtigen nationale Verschiedenheiten so gut wie nirgends, sie sind in dieser Richtung durchaus farblos gehalten.

Ich bin ganz gefaßt darauf, daß diese Auffassung des Rechtsgeschäftes, die ich hier vertrete, als naturrechtliche getadelt werden wird, und doch ist sie die für Wissenschaft wie Gesetzgebung meines Erachtens allein fruchtbare. Man verwirrt sich in der neueren Literatur die Lehre vom Rechtsgeschäfte ganz unnötig dadurch, daß man die — wie ich vorher sagte — pathologischen Fälle, z. B. die der Differenz zwischen Wille und Erklärung, bei seiner Wesensbestimmung mit in Betracht zieht. Mir scheint das gerade so, als wollte man das Wesen der menschlichen Seele mit Rücksicht auf die Geisteskranken bestimmen. Auf beiden Gebieten kann man die pathologischen Fälle zum lehrreichen Studium benützen: die Wesensbestimmung aber hat von dem auszugehen, was das zu bestimmende Objekt normalerweise ist, sie soll uns die Merkmale angeben, welche uns dieses Ding als ein vernünftiges Glied des Wirklichen begreiflich machen, sie soll uns den Grund und den Zweck seines Daseins aufweisen und dadurch dieses sein Dasein rechtfertigen. Daran kann nun aber meines Erachtens kein Zweifel sein: das, was den wesenhaften Grund der Geltung des Rechtsgeschäftes bei allen Völkern bildet, das ist und bleibt doch immer, daß das Recht den in der Erklärung manifestierten Interessen Geltung verschaffen will, und dies Wesen bleibt ganz unberührt davon, wie in jenen pathologischen Fällen entschieden wird. Auf diesen Standpunkt muß sich meines Erachtens auch der Gesetzgeber stellen. Sanktioniert er einmal ein Rechtsgeschäft, so muß er auch die Konsequenzen ziehen, welche die Sanktion dieser psycho-physiologischen Tatsache, dieses Doppelwesens von Wille und Wort verlangt: erst wenn entschiedene Zweckmäßigkeitsgründe es erfordern, wird er diese Konsequenzen modifizieren. Auf diesen Standpunkt hat sich erfreulicherweise auch der neue deutsche Entwurf gestellt.

Nur einen Punkt aus der Lehre vom Rechtsgeschäfte will ich noch besonders hervorheben. Zu den eminentesten weltrechtlichen Entdeckungen des römischen Rechts gehört die, daß die juristische Ausdeutung in jedem empirisch einheitlichen Vermögens-Rechtsgeschäfte zwei Willensbestandteile zu unterscheiden hat: der eine ist gerichtet auf eine Vermögensverschiebung zwischen den Parteien, der andere auf das, was causa genannt wird, z. B. darauf, zu schenken, Darlehen zu geben usw., also, wenn ich hier einmal mit den Römern die

S. 20. freilich nicht einwandsfreie Kategorie von | Zweck und Mittel verwenden darf, der eine gerichtet auf das juristische Mittel, der andere auf den Zweck. Diese Unterscheidung trifft bei jedem Rechtsgeschäfte zu, sei der Urheber, wer er sei, wes Volkes immer, welcher Zeit immer; mag er noch so tief stehen, noch so hoch entwickelt sein — sie ist immer die gleiche. Das römische Recht löste nun diese faktische Vereinigung rechtlich auf und verselbständigte die Wirkung jedes einzelnen dieser beiden Willensinhalte. Es stellte also einander gegenüber auf der einen Seite eine leicht zählbare Reihe juristischer Mittel — die Vermögensverschiebung besteht nämlich immer nur in der Begründung, Änderung, Aufhebung eines der subjektiven Rechte, welche das römische Recht anerkennt —, auf der anderen

Seite die bunte Mannigfaltigkeit der möglichen causae — vielleicht sind übrigens auch diese ihren rechtlich relevanten Eigenschaften nach in zählbare Arten zu fassen. Aus der Kombination je eines der möglichen Mittel mit je einer der möglichen causae ergeben sich die empirisch einheitlichen Rechts= geschäfte. Es begreift sich sofort, von wie ungeheurer Wichtig= keit die Trennung der juristischen Existenz von Mittel und Zweck war. Man kann sagen: sie war eine der größten und folgenschwersten Taten des juristischen Geistes, eine Tat, ohne welche, man darf kühn sagen, die gesamte Entwicklung unseres modernen Vermögensverkehrsrechts unmöglich wäre — man denke nur an das Wechselrecht. Denn erst jetzt war die Mög= lichkeit gegeben, mit einer übersehbaren Zahl von Rechts= regeln das ganze ungeheure Gebiet der Rechtsgeschäfte zu beherrschen. Es war eine Leistung wie die, daß man, um schreiben zu können, das Wort in seine Lautelemente zerlegte und nunmehr, statt wie die Chinesen ein eigenes Schriftzeichen für jedes einzelne Wort nötig zu haben, mit etlichen zwanzig einzelnen Buchstaben den gesamten unermeßlichen Reichtum der Sprache wiederzugeben wußte. Die Zweckmäßigkeit dieser Regelung ist so zweifellos, und zwar aus Gründen, die für alle Völker gleich maßgebend sind, daß jedes Recht früher oder später zu derselben Entscheidung kommen muß.

Sofort erhebt sich aber eine Frage. Wie soll es gehalten werden, wenn zwar das Mittel rechtlich eintritt, die causa aber nicht, so daß also das gebrauchte Mittel jetzt sine causa ist? Einfachste Zweckmäßigkeitserwägung ergibt hier als Regel, daß das Mittel in seiner Existenz wieder aufhebbar sein muß: die condictiones sine causa, welche das römische Recht ge= schaffen hat, werden für alle Zeiten bleiben, wieviel auch an ihnen im einzelnen noch zu bessern wäre und schon gebessert worden ist. So z. B. nimmt man als ihren Gegenstand heutzutage sehr zweckmäßig die Bereicherung an, während sich doch, ich glaube, mit Sicherheit, beweisen läßt, daß sie nach römischem Rechte auch nicht das mindeste mit der Be=

reicherung zu tun haben. Das Gefühl drängte aber zu diesem zweckmäßigen Satze — darum las man ihn in das römische Recht hinein. Aber das ist doch nur ein Nebenpunkt. In der Hauptsache ist die römische condictio sine causa ein durchaus weltrechtliches Gebilde. —

S. 21. | Ich schließe diese Betrachtungen. Lebhaft empfinde ich, wie gering die Kraft ist, die sich an dieser Riesenaufgabe versucht hat. Es muß genügen, die Aufgabe präzis gestellt und Aphorismen zu ihrer Lösung gegeben zu haben. Eine Riesenaufgabe ist es: diese genaue Bestimmung, welches die sozialen Funktionen jedes einzelnen Rechtssatzes, welches die Verhältnisse sind, die seine Wirksamkeit gestalten. Nicht die Kraft eines einzelnen, vielleicht nicht die einer ganzen Generation wird genügen, sie zu lösen. Aber in leuchtenden Umrissen steht sie doch wenigstens als Aufgabe schon vor unseren Augen. Rechtswissenschaft, Geschichte, Volkswirtschaftslehre müssen sich zu ihrer Bewältigung die Hände reichen: nicht mehr ein objektives Recht allein, sondern alle vorhandenen Rechte sind dann einheitlicher Gegenstand der Forschung.

Mir bleibt zum Schlusse nur noch übrig, die beiden großen praktischen Fragen zu berühren: ob die Rechtseinheit wünschenswert und wie sie praktisch zu erreichen ist? Die Antwort ergibt sich aus den gewonnenen Unterscheidungen.

Wie weit ist sie wünschenswert? Da ist sofort selbstverständlich: soweit begründete soziale Verschiedenheiten der Verhältnisse bestehen, wäre sie verderblich, sie vereinheitlichte, was doch verschieden sein soll; soweit hingegen für gleiche Probleme nur eine einzige zweckgemäße und gerechte Anordnung möglich ist, ist sie unbedingt anzustreben. Oder vielmehr, um genauer zu sein, hier soll nur jedes Volk für sich das vernünftige Recht finden: da es eben nur eine vernünftige Antwort gibt, muß damit die Rechtseinheit von selbst kommen.

Anders auf dem breiten Zwischengebiete, wo verschiedene gleich zweckmäßige Regelungen möglich sind. Möglich ist hier eine Rechtseinheit, ob sie auch wünschenswert ist, bedarf einer Abwägung des pro und contra. Auf der einen Seite soll man dem Volke nicht ohne Not das Recht nehmen, in das es sich eingelebt hat: jeder Eingriff ist eine Operation, sie ist erst dann und auch dann noch mit möglichst schonender Hand vorzunehmen, wenn sie nicht mehr zu umgehen ist: wie der Deutsche Kaiser Friedrich vor wenigen Tagen seinem großen Kanzler schrieb: „Die Rechtsordnung muß vor allem in der Ehrfurcht und in den Sitten der Nation sich befestigen. Es sind daher die Erschütterungen möglichst zu vermeiden, welche häufiger Wechsel der Staatseinrichtungen und Gesetze veranlaßt." Auf der anderen Seite stehen die großen Vorteile, welche eine Einheitlichkeit des Rechts für den Verkehr der Nationen und für die Stärkung des Rechtsgefühles hat. Viel eher wird der einzelne die Heiligkeit und Autorität des Rechts empfinden, wenn er es überall gleich findet; solange er es von Grenze zu Grenze wechseln sieht, wird er leicht dahin kommen, es als eine reine Willkürschöpfung zu betrachten, die ihn nur äußerlich, nicht innerlich bindet. Der Verkehr der Nationen fordert eine Einheitlichkeit des Rechtes nicht überall in gleicher Weise: Einheitlichkeit fordert er eben für das Recht, welches gerade im Verkehre besonders zur Anwendung kommt, also für das Obligationen- und Mobiliarsachenrecht, ferner auch für | das Ehegüterrecht, weil auch dies S. 22. mit den Ehegatten von Ort zu Ort zu wandern bestimmt ist. Eine Gleichheit ist ferner erwünscht für alle Rechte an immateriellen Gütern, ferner für diejenigen erbrechtlichen Regeln, welche die Erwerbsformen, die Erwerbsfristen und die Schuldenhaftung betreffen.

Wie kann sich nun diese Rechtsausgleichung vollziehen? Drei Wege sehen wir vor uns: spontanes Gleichwerden, Rezeption, Vereinbarung. Das spontane Gleichwachsen ist nur da möglich, wo die Gleichheit des Rechts notwendig ist, wo also nur eine Antwort auf die gestellte Frage zutrifft. Ich sprach schon vorher davon, wie die Gleichheit auf diesem

Wege bereits jetzt erzielt ist und immer weiter erzielt werden wird. Aber bis das geschieht, kann unendliche Zeit, Jahrtausende und aber Jahrtausende können vergehen. Beschleunigt wird diese Ausgleichung durch Rezeption und Vereinbarung; und da, wo mehrere gleich zweckmäßige Antworten möglich sind, sind überhaupt nur diese Wege der Rechtsausgleichung denkbar. Ich komme damit auf diese beiden Begriffe zurück, von denen mein Vortrag seinen Ausgang nahm.

Dem Verständnisse und der Würdigung dieser beiden Tatsachen wird, wie ich glaube, erst durch solche Untersuchungen, wie ich sie heute vor Ihnen anstellen durfte, der Boden geschaffen.

Rezeptionen fremder Gesetzgebungen sind nichts Naturwidriges, nichts Erstaunliches, auch nichts Seltenes: sie geschehen namentlich auch in unseren Tagen noch fortwährend: ich erinnere nur daran, wie französisches Recht in Ägypten und Japan rezipiert worden ist. Soweit es sich bei solchen Rezeptionen um die willkürliche Aufzwingung fremden Rechts handelt, sind sie schlechthin vom Übel und zu verwerfen, auch schaffen sie dann nichts Dauerndes, sondern sind nur eine vorübergehende Episode. Anders aber, wenn die Rezeption nichts ist als eine Beschleunigung der Entwicklung, die sich auch ohne die Entlehnung, langsamer freilich, hätte vollziehen müssen, wenn sie dem rezipierenden Volke nur mit einem Schlage solches Recht gibt, zu dem es durch vielleicht vielhundertjährige weitere eigene geistige Arbeit und soziale Erfahrung von selbst hätte kommen müssen, sofern es überhaupt in der Kultur fortschreiten wollte. Es liegt nahe, hierbei von der Aufnahme des römischen Rechts in Deutschland zu sprechen. Das Eigentümliche dieser Rezeption, deren Beurteilung noch immer so sehr von Parteienhaß und -gunst verwirrt ist, bestand nicht darin, daß überhaupt, sondern wie rezipiert ist. Viel erstaunlicher als dies, daß das römische Recht bei uns rezipiert ist, finde ich es, daß es noch immer Nationen gibt, welche gewisse Teile des römischen Rechts nicht rezipiert haben. Aber das wird, das muß noch kommen. Denn in höchst wichtigen Teilen des römischen Rechts rezipierten wir in der Tat eigentlich nur unser eigenes, noch nicht herausentwickeltes Recht; wir rezipierten nicht fremdes, sondern antizipierten unser eigenes Recht. Das sind die Teile des römischen Rechts, welche weltrechtlicher Natur sind. Daneben hatte es andere Teile, die rein nationalrechtlich waren: ihre Rezeption war von Übel für uns; dieser Fremdkörper mußte aus dem | Blute der Nation wieder ausgeschieden werden: S. 23. das ist geschehen und geschieht noch immerfort; es bildet das einen großen Teil der Rechtsarbeit, welche die großen Kulturnationen in den letzten Jahrhunderten geleistet haben. Die Weltgeschichte ist auch hier das Weltgericht. Was spezifisch römisch am römischen Rechte ist, vergeht, was weltrechtlich in ihm ist, bleibt und wird bestehen, und wo es noch nicht besteht, wird es angenommen werden. So paradox es klingt, ich muß daher doch behaupten, daß die Rezeption des römischen Rechts noch immer nicht zu Ende ist, noch immer schreitet sie vor: auch die Völker, die sich gegen die Einführung des römischen Rechts bisher gesträubt haben, können doch nicht der erneuten Invasion widerstehen, welche sie durch die Rechtswissenschaft auf Grund der Erkenntnis des Weltrechts erleiden.

Nach den gleichen Prämissen und mit derselben Unterscheidung beantwortet sich auch die Frage, ob eine Vereinbarung der Nationen zur Schaffung einheitlichen Rechts wünschenswert sei.

Vielleicht wird nach all dem Gesagten der Gedanke an eine künftige Weltgesetzgebung nicht mehr ganz so abenteuerlich erscheinen wie zuerst. Dasselbe Verkehrsrecht für die ganze Erde — „dies letzte wär' das Höchsterrungne!"

Ist das etwas anderes, als ein bloßes Phantasiebild, ein Luftschloß der Ferne? Es wäre kühn, ein Ja, noch kühner aber, mit mitleidigem Lächeln ein Nein zu antworten. Man bedenke nur, daß wir auf dem Gebiete des Wechselrechts, des Seerechts, des Eisenbahnfrachtrechts eine geradezu sichtbar fortschreitende Rechtsausgleichung vor uns haben; die Hoffnung ist völlig gerechtfertigt, daß die Kulturnationen wenigstens auf diesen Gebieten in nicht zu ferner Zeit sich ein gemeinsames, auch formell gleiches Recht schaffen werden — stehen sich doch auf dem Gebiete des Wechselrechts im wesentlichen nur noch zwei Gruppen von Rechten entgegen. Die Jüngeren unter uns werden diese auch formelle Ausgleichung vielleicht noch erleben. Die Zweckmäßigkeit treibt eben allzu gewaltig dazu. Aber das sind nur Abschlagszahlungen: der Verkehr wird auf die Länge mehr verlangen, seine Forderungen sind damit nicht beschwichtigt. Und den Glauben müssen wir festhalten: über alle Entzweiung der Nationen wird doch auch der große Gedanke der Menschengemeinschaft Kraft gewinnen, sich ausbreiten und wirken — wie ein altes Wort sagt: sind wir nicht alle Brüder und hat nicht ein Gott uns alle geschaffen? Denn das kann jeder sehen, der Augen hat, zu sehen, daß es schon jetzt eine in den wichtigsten Institutionen sich verwirklichende Menschengemeinschaft, nicht mehr bloß einzelne Völker gibt. Und dieser Gedanke ist so groß, so schön, ich möchte sagen, so rein menschlich, daß er nicht mehr verlierbar ist.

Ich denke mir nun als den Weg der Verwirklichung freilich nicht den einer sofort zu berufenden Konferenz für das ganze Gebiet des Rechts, sondern meine, die Entwicklung müsse mit einzelnem beginnen: mit der Ausgleichung einzelner, besonders wichtiger Rechtsteile, mit der Feststellung gemeinsamer subsidiärer Normen, mit der Vereinbarung zunächst zwischen den nächststehenden Staaten. Ist durch eine Rechtseinheit zwischen diesen nur erst ein fester Kern geschaffen, so finden sich weitere Staaten schon hinzu. Ich denke hier an Österreich und Deutschland. Beide sind Schwestern, ihre Herzen und Hände haben sich gefunden, um sich hoffentlich nie wieder zu verlieren. Das politische Band, das unter dem

Jubel unserer Nation von der Spree zur Donau geschlungen ist, es ist unzerreißbar, weil das tiefe Zusammengehörigkeitsgefühl beider Völker ihm zur Grundlage dient. Ist es denn nun so abwegig, zu ersehnen und zu erhoffen, daß diese beiden mächtigen Reiche sich auch vertragsmäßig gleiches bürgerliches Recht schaffen? Wird nicht in manchen Kreisen jetzt schon der Gedanke einer wirtschaftlichen, einer Zolleinigung der beiden großen Reiche erwogen? Und wird damit der Gedanke gemeinsamen Rechts nicht noch näher gelegt? Welche Blüte der Wissenschaft ließe sich erhoffen, wenn die Juristen Österreichs und Deutschlands ihre Kräfte gemeinsam der Pflege eines Rechts zuwenden könnten! Ein Recht, eine Rechtswissenschaft und ein Studium! Wie würde es das Verständnis zwischen beiden Völkern heben, wenn freizügig die studierende Juristenjugend in beiden Ländern ihr eigenes heimisches Recht studieren könnte! Und nun wage ich den letzten Satz: der Zeitpunkt, diesem Gedanken näherzutreten, ist der jetzige. Deutschland steht vor einer großen Kodifikation: ist das neue Bürgerliche Gesetzbuch erst einmal in Geltung, so wird eine Umänderung für längere Zeit ausgeschlossen bleiben müssen. Österreich hat ein Gesetzbuch, das es gewiß mit Recht hoch schätzt; aber es ist 77 Jahre alt, und in unserer schnellebenden Zeit paßt auch auf die Gesetzbücher, was der Psalmist sagt, daß ihr Leben siebenzig Jahre währt, und wenn es hoch kommt, so sind es achtzig Jahre: ein neues Gesetzbuch wird auch für Österreich über kurz oder lang nötig werden. Wir möchten in Deutschland für unseren neuen Entwurf den sachverständigen Beirat der österreichischen Fachgenossen nicht entbehren; und sicher wird man sich auch in Österreich mit diesem Entwurfe eingehend beschäftigen — vielleicht entspringt dieser Beschäftigung die Überzeugung, daß eine rechtliche Einigung auf Grund eines neuen gemeinsam angefertigten Entwurfes möglich und wünschenswert sei. Hoffen wir, daß sie kommt! Und wie jetzt schon Österreich und Deutschland zusammen die Macht bilden, an welche sich alle friedenſuchenden Staaten anlehnen, ſo würde auch ihr gemeinſames Geſetzbuch wohl den feſten Kernpunkt bilden, an den ſich alle Weltrechtsbeſtrebungen anſchlöſſen: es würde Grundlage und Anfang eines Weltgeſetzbuches ſein. Das wäre ein neues Blatt im Ruhmeskranze der friedlichen Be=ſtrebungen beider Reiche, das den ſchönſten würdig zur Seite zu flechten wäre.

Nachwort.

I.

Der auf S. 7 erwähnte Vortrag „Über international gleiches Recht" in den „Juristischen Blättern" 1879, Nr. 19—21 rührt von Georg Cohn her; in erweiterter Bearbeitung ist er dann in dessen Buch „Drei rechtswissenschaftliche Vorträge" S. 76—148 unter dem Titel „Die Anfänge eines Weltverkehrsrechts" erschienen.

Einige ältere Schriften über Weltrecht führt an Meili, Geschichte und System des internationalen Privatrechts (1892) S. 8, Institutionen der vergleichenden Rechtswissenschaft (1898) S. 97 fg., Das internationale Zivil= und Handelsrecht Bd. 1 (1902) S. 15 ff. Aus der späteren Literatur sind hervorzuheben außer den verschiedenen Arbeiten Meilis die Aufsätze von Peter Klein, „Internationalrechtliche Privatrechtseinheit" in der Zeitschr. f. Internat. Privat= und öffentl. Recht Bd. 16 (1906) S. 1—33, und „Die Möglichkeit eines Weltprivatrechts" in der Festschrift für Zitelmann (1913); s. auch den gleichen Verfasser in der Zeitschr. f. Internat. Recht Bd. 24 (1914), Abt. Völkerrecht S. 116 fg.; weitere Literaturangaben in diesen Aufsätzen. S. ferner Zitelmann, Internationales Privatrecht Bd. 1 (1897) S. 9, Deutsche Juristenzeitung Bd. 5 (1900) S. 330 fg., Rechtsfragen der Luftfahrt (1914) S. 42 ff.; sodann Nippold, Der völkerrechtliche Vertrag (1894) S. 250 ff., „Internationale Rechtseinheit auf dem Gebiete des Privatrechts" in der Zeitschr. f. Intern. Privat= u. öffentl. Recht Bd. 5 (1895) S. 473—492, „Internationale Rechtseinheit" in den Blättern für vergl. Rechtswissenschaft Bd. 2 (1907) S. 65—80, Fuld, „Mitteleuropäische Rechts=

ausgleichung" in der Zeitschr. f. Sozialwissenschaft Bd. 8 (1905) S. 335 ff., K. Lehmann, Der Krieg und die Bestrebungen auf Vereinheitlichung des Privatrechts (1915). Dazu kommt die sehr umfangreiche Sonderliteratur über Vereinheitlichung des Seerechts, Handelsrechts, Wechselrechts und Scheckrechts.

Die schwierigste Seite des Problems, die Frage nach der Gleichheit der juristischen Denkformen (s. oben S. 9 ff.), ist kürzlich von nichtjuristischer Seite her beleuchtet worden, s. Reinach, Die apriorischen Grundlagen des bürgerlichen Rechtes, 1913, übrigens ohne Verwertung meiner Erörterungen. Einiges — weniges — auch schon in einem Aufsatz von Habrucker, "Über den Grund der Möglichkeit von Rechtsbegriffen a priori innerhalb der formalen Jurisprudenz" in der Philosoph. Wochenschrift u. Literatur-Zeitung Bd. 5 (1907) S. 21—38, 49—64; auch dieser Aufsatz berücksichtigt meine Abhandlung nicht.

Von den zahlreichen ausländischen Äußerungen seien besonders erwähnt die Abhandlung von Jitta, "Le droit commun international..." in der Revue de droit intern. privé (par Darras) Bd. 4 (1908) S. 553 ff., Bd. 5 (1909) S. 485 ff., und die heute besonders interessanten Bemerkungen in der address des Lord Justice Kennedy, "The Unification of law" im Journal of the society of compar legisl. N. S. Bd. 10, 2 (1910) S. 212 ff.

Daß der Gedanke eines Weltprivatrechts — trotz der Polemik von Meili, Internationale Unionen (1889) S. 56 fg., 76 fg. u. sonst, z. B. Internationales Zivil- u. Handelsrecht Bd. 1 S. 15 — an Boden gewann, ließ sich, wie ich glaube, seit Jahren beobachten, die Stimmen dafür mehrten sich; s. z. B. außer einigen der schon Angeführten Hagens in der Deutschen Juristenzeitung Bd. 17 (1912) S. 1418; Gmür, Über Gegenwart und Zukunft des schweizerischen Zivil- und Handelsrechts (1913) S. 42 fg., R. Leonhard im Archiv für Rechts- u. Wirtschaftsphilosophie Bd. 7 (1913/14) S. 52; dort ist auch eine Äußerung von Munroe Smith, Jurisprudence

(1908) S. 40, angeführt: „the great problem of the future — that of establishing a world order."

Bemerkenswert ist in diesem Zusammenhang auch, daß mehrfach eine „Weltrechtswissenschaft" angestrebt wird, siehe R. Leonhard, Stimmen des Auslandes über die Zukunft der Rechtswissenschaft (1906) S. 101 ff. und die dort besprochene Arbeit des allzufrüh gestorbenen R. Saleilles, des trefflichen Vermittlers deutscher Rechtswissenschaft in Frankreich; Ehrlich redet sogar einer allgemeinen Vorlesung über Weltprivatrecht im Interesse der Internationalität des wissenschaftlichen Rechtsunterrichts das Wort, s. Österreichische Rundschau Bd. 6 S. 386 fg. „Die Zukunft des römischen Rechtsunterrichts".

II.

Zur Sache sind nach einer Richtung hin einige Zusätze unentbehrlich.

1. Die Abhandlung in ihrer alten Gestalt leidet vor allem an dem Mangel, daß sie zwei Dinge nicht trennt. Schon bei jeder Gesetzgebungsarbeit innerhalb eines Staats müssen die inhaltliche und die technische Seite der Gesetzgebung, die Findung des inhaltlichen Rechtsgedankens und seine sprachliche Fassung als zwei Seiten der Tätigkeit unterschieden werden; s. darüber Näheres in meiner Abhandlung „Die Kunst der Gesetzgebung", 1901, S. 5—6. Diese Unterscheidung ist möglich und nützlich, obwohl beide Dinge im letzten Sinn durchaus voneinander abhängig sind, gemäß dem oft besprochenen Verhältnis von Gedanke und Wort. Gerade für die Erörterung der Weltrechtsfrage ist die Unterscheidung von großem Wert: sie nimmt hier eine besondere Gestalt an. Denn hier ist einmal in Betracht zu ziehen, wie weit eine **inhaltliche Annäherung** der einzelnen Rechtsordnungen zu erwarten ist, damit ist gemeint eine Ausgleichung der sachlichen Rechtsgedanken und Rechtseinrichtungen, die in der einen und der anderen Rechtsordnung erscheinen: dieses inhaltliche Gleichwerden kann man bereits Entwicklung des Welt=

rechts nennen. In einem höheren Sinne aber läßt sich von Weltrecht nur da reden, wo der hier und dort geltende Rechtssatz auch seiner Formgebung nach der gleiche ist, also wo er hier und dort in der gleichen Wortfassung gilt. Der Unterschied zwischen diesen beiden Arten des Weltrechts, jenem bloß inhaltlichen Gleichsein der sachlichen Rechtsgedanken und diesem auch formellen Gleichsein der Fassung ist offenbar ein Gradunterschied: der Gedanke empfängt erst durch die Wortfassung seine letzte Bestimmtheit, die Verschiedenheit der Worte birgt auch sachliche Verschiedenheiten oder bringt sie hervor; schwerlich möchte es möglich sein, in ganz verschiedener Wortfassung Gesetze zu geben, die doch inhaltlich völlig gleich sind. Das bloß inhaltlich gleiche Recht ist eben nur seinen Grundzügen, nicht auch der feineren Ausgestaltung nach ein einheitliches Recht.

Auf S. 22 ff. ist entwickelt worden, wie die Rechtseinrichtungen bei den einzelnen Völkern sich allmählich von selbst ausgleichen; beschleunigt werde, so heißt es S. 36, dieses spontane Gleichwerden durch Rezeption und Vereinbarung. Es ergibt sich von selbst, daß bei dem „spontanen Gleichwerden" lediglich an die Ausgleichung des materiellen Inhalts des Rechts gedacht ist, nicht auch an die der Form. Die Rechtsaufnahme (Rezeption) kann sich entweder ebenfalls bloß auf Rechtsgedanken, Rechtseinrichtungen beziehen — gerade diese Art der Rechtsausgleichung geht beständig vor sich —, oder sie kann auch den Wortlaut fremder Rechtssätze betreffen: von dieser stärkeren Art der Rechtsaufnahme spricht S. 22. Die Vereinbarung endlich bezieht sich jedesmal auch auf die Fassung des Rechtssatzes.

2. Sobald man diese höhere Art der Rechtsvereinheitlichung, die sich auch auf die Wortfassung erstreckt, betrachtet, ergeben sich weitere Fragen, die in der alten Untersuchung noch nicht beachtet worden sind. Vor allem die Frage: Wie steht es bei einer Rechtsausgleichung zwischen Staaten mit verschiedener Staatssprache? Wie ist hier die gleiche Wort-

fassung herzustellen? Bei völkerrechtlichen Verträgen hilft man sich dadurch, daß der Wortlaut in einer bestimmten Sprache für maßgebend erklärt wird, dergestalt, daß die anderssprachigen Fassungen nur als Übersetzungen gelten, die im Fall sachlicher Abweichung keine völkerrechtliche Kraft besitzen, selbst wenn im Inneren des Staats die Übersetzung als Gesetz gelten sollte. Bei einer Rechtsausgleichung wird man jenes Hilfsmittel im allgemeinen nicht anwenden wollen; jeder Staat wird hier das Gesetz von vornherein nur in seiner eigenen Sprache gelten lassen und einführen. Aber ist es überhaupt möglich, einen vollkommen gleichen Rechtsinhalt in verschiedenen Sprachen auszudrücken? Die gleiche Frage tritt auch bei der Gesetzgebung innerhalb mehrsprachiger Staaten auf; so stehen in der dreisprachigen Schweiz die drei sprachlichen Fassungen des Gesetzes nebeneinander; die hier gemachten Erfahrungen sind auch für die Frage der zwischenstaatlichen Rechtsvereinheitlichung zu verwerten. S. hierüber Cesana in der Schweiz. Juristenzeitung Bd. 7 (1910/11) S. 149 ff., 181 ff. (nebst den Streiterörterungen von Rossel, Cesana und Saleilles, ebenda S. 201 ff., 221 ff., 257 fg., 258 fg.).

3. Sodann: das geschriebene Gesetzeswort ist früher vielfach überschätzt worden; man hatte sich lange Zeit hindurch mit Unrecht daran gewöhnt, in den Gesetzesworten — von der danebenstehenden Gewohnheitsbildung abgesehen — das geltende Recht selbst zu erblicken. Heute ist oder wird dieser Irrtum überwunden. Nach zwei Seiten hin war jene Auffassung zu eng.

Einmal geben die Worte aller Gesetze noch nicht das ganze Recht wieder, sondern sie sind nur Anleitungen, um aus ihnen und auf Grund von ihnen das wirkliche Recht zu finden. Erst die Denktätigkeit in Rechtswissenschaft und Rechtshandhabung schafft aus ihnen — durch Auslegung, Begriffsausdeutung und alles das, was man Lückenausfüllung nennt — das lebendige Recht; beim Erlaß eines Gesetzes kann vielfach noch niemand ahnen, welches das Recht sein wird, das auf Grund dieses Gesetzes lebendig werden wird; die Erfahrungen, die Deutschland mit seiner Niederschrift des bürgerlichen Rechts gemacht hat, beweisen das: wer hätte 1900 voraussagen können, was 1916 auf Grund des Bürgerlichen Gesetzbuchs als bürgerliches Recht in Deutschland gilt? Den Grund hierfür bildet vor allem, daß Auslegung, Begriffsausbeutung und Lückenausfüllung letztlich auf Werturteilen beruhen, über die sich mit Gründen der Logik nicht streiten läßt.

Daraus folgt für die Frage des Weltrechts oder bescheidener für die Frage jeder, wenn auch noch so begrenzten, zwischenstaatlichen Rechtsvereinheitlichung: mit der Gleichheit des Gesetzeswortlauts ist noch nicht gewährleistet, daß das lebendige Recht in dem einen Staat dasselbe ist wie in dem anderen; man denke nur beispielsweise daran, wie verschieden der Begriff der guten Sitten hier und dort gehandhabt werden kann. Ohne die Schaffung von Einrichtungen, die eine einheitliche höchste Rechtsprechung verbürgen, bleibt jede Rechtsvereinheitlichung unvollkommen. Auch dies bedürfte im Zusammenhang mit den Weltrechtsbestrebungen einer genaueren Untersuchung (s. hierzu Peter Klein, „Internationale Gerichtsbarkeit..." in der Zeitschr. f. Internat. Recht Bd. 24 (1914), Abt. Völkerrecht, S. 112 ff.).

4. Aber auch insofern decken sich das Gesetz — auch hier wieder von jeder Ergänzung oder Abänderung durch gewohnheitliche Bildung abgesehen — und das lebendige Recht nicht, oder läßt sich doch aus dem Gesetz das lebendige Recht noch nicht erkennen, als das Gesetz vielfach nicht ein bestimmtes Verhalten der Menschen erzwingen, sondern ihnen nur Möglichkeiten freier Betätigung gewähren will. Machen die einzelnen von einer solchen ihnen gewährten Möglichkeit, etwa von einer bestimmten Rechtseinrichtung, keinen Gebrauch, so bleibt das Gesetz tot; und ebenso bleibt jede Rechtsanordnung, die nur mangels anderer Parteibestimmung Platz greifen will, tot, wenn die Parteien regelmäßig etwas anderes bestimmen.

Die Erkenntnis des lebendigen Rechts ist also nicht ohne die Erkenntnis der tatsächlichen Übungen in diesem Sinne möglich. (In dieser Hinsicht hat sich vor allen Ehrlich durch sein Werk „Grundlegung der Soziologie des Rechts" Verdienste erworben.)

Daraus folgt wieder für die Frage des Weltrechts: die Einheitlichkeit des in verschiedenen Staaten geltenden Gesetzes beweist noch nicht die Einheitlichkeit des hier und dort lebendigen Rechts. Das ist natürlich in keiner Weise ein Grund gegen die Möglichkeit und Nützlichkeit einer Rechtsvereinheitlichung, aber es soll nur vor einer Überschätzung ihres Wertes warnen und muß bei einer vollständigen Betrachtung der ganzen Weltrechtsfrage mit gewürdigt werden.

Printed by Libri Plureos GmbH
in Hamburg, Germany